Date _____ Time _____ Location _____

Home Team _____ Coach _____

1st Half Fouls: | | | | | | | | | | | | Full Timeouts: | | | |

2nd Half Fouls: | | | | | | | | | | | | 30 Sec. Timeouts: | | |

No.	Name	Fouls	1st	2nd	3rd	4th	OT	Tot
	Totals							

Notes

1		38		75
2		39		76
3		40		77
4		41		78
5		42		79
6		43		80
7		44		81
8		45		82
9		46		83
10		47		84
11		48		85
12		49		86
13		50		87
14		51		88
15		52		89
16		53		90
17		54		91
18		55		92
19		56		93
20		57		94
21		58		95
22		59		96
23		60		97
24		61		98
25		62		99
26		63		100
27		64		101
28		65		102
29		66		103
30		67		104
31		68		105
32		69		106
33		70		107
34		71		108
35		72		109
36		73		110
37		74		111

Technicals

Referee _____	Scorer _____	Timekeeper _____

Away Team _____   Coach _____

1st Half Fouls: | | | | | | | | | | | Full Timeouts: | | | |

2nd Half Fouls: | | | | | | | | | | | 30 Sec. Timeouts: | | |

No.	Name	Fouls						1st	2nd	3rd	4th	OT	Tot
	Totals												

Notes

1		38		75	
2		39		76	
3		40		77	
4		41		78	
5		42		79	
6		43		80	
7		44		81	
8		45		82	
9		46		83	
10		47		84	
11		48		85	
12		49		86	
13		50		87	
14		51		88	
15		52		89	
16		53		90	
17		54		91	
18		55		92	
19		56		93	
20		57		94	
21		58		95	
22		59		96	
23		60		97	
24		61		98	
25		62		99	
26		63		100	
27		64		101	
28		65		102	
29		66		103	
30		67		104	
31		68		105	
32		69		106	
33		70		107	
34		71		108	
35		72		109	
36		73		110	
37		74		111	

Technicals

Date _____ Time _____ Location _____

Home Team _____ Coach _____

1st Half Fouls: ☐☐☐☐☐☐☐☐☐☐ Full Timeouts: ☐☐☐

2nd Half Fouls: ☐☐☐☐☐☐☐☐☐☐ 30 Sec. Timeouts: ☐☐

No.	Name	Fouls	1st	2nd	3rd	4th	OT	Tot
	Totals							

Notes

1	38	75
2	39	76
3	40	77
4	41	78
5	42	79
6	43	80
7	44	81
8	45	82
9	46	83
10	47	84
11	48	85
12	49	86
13	50	87
14	51	88
15	52	89
16	53	90
17	54	91
18	55	92
19	56	93
20	57	94
21	58	95
22	59	96
23	60	97
24	61	98
25	62	99
26	63	100
27	64	101
28	65	102
29	66	103
30	67	104
31	68	105
32	69	106
33	70	107
34	71	108
35	72	109
36	73	110
37	74	111

Technicals

Referee _____ Scorer _____ Timekeeper _____

Away Team _____ Coach _____

1st Half Fouls: | | | | | | | | | | | Full Timeouts: | | | |

2nd Half Fouls: | | | | | | | | | | | 30 Sec. Timeouts: | | |

No.	Name		Fouls				1st	2nd	3rd	4th	OT	Tot							
														1		38		75
														2		39		76
														3		40		77
														4		41		78
														5		42		79
														6		43		80
														7		44		81
														8		45		82
														9		46		83
														10		47		84
														11		48		85
														12		49		86
														13		50		87
														14		51		88
														15		52		89
														16		53		90
														17		54		91
														18		55		92
														19		56		93
														20		57		94
														21		58		95
														22		59		96
														23		60		97
														24		61		98
														25		62		99
														26		63		100
														27		64		101
														28		65		102
														29		66		103
														30		67		104
														31		68		105
														32		69		106
														33		70		107
	Totals													34		71		108
														35		72		109
														36		73		110
														37		74		111

Notes

Technicals

Date _____ Time _____ Location _____

Home Team _____ Coach _____

1st Half Fouls: | | | | | | | | | | Full Timeouts: | | | |

2nd Half Fouls: | | | | | | | | | | 30 Sec. Timeouts: | | |

No.	Name	Fouls	1st	2nd	3rd	4th	OT	Tot
	Totals							

Notes

1		38		75
2		39		76
3		40		77
4		41		78
5		42		79
6		43		80
7		44		81
8		45		82
9		46		83
10		47		84
11		48		85
12		49		86
13		50		87
14		51		88
15		52		89
16		53		90
17		54		91
18		55		92
19		56		93
20		57		94
21		58		95
22		59		96
23		60		97
24		61		98
25		62		99
26		63		100
27		64		101
28		65		102
29		66		103
30		67		104
31		68		105
32		69		106
33		70		107
34		71		108
35		72		109
36		73		110
37		74		111

Technicals

Referee _____ Scorer _____ Timekeeper _____

Away Team _____ Coach _____

1st Half Fouls: | | | | | | | | | | Full Timeouts: | | |

2nd Half Fouls: | | | | | | | | | | 30 Sec. Timeouts: | |

No.	Name	Fouls	1st	2nd	3rd	4th	OT	Tot
	Totals							

Notes

1		38		75
2		39		76
3		40		77
4		41		78
5		42		79
6		43		80
7		44		81
8		45		82
9		46		83
10		47		84
11		48		85
12		49		86
13		50		87
14		51		88
15		52		89
16		53		90
17		54		91
18		55		92
19		56		93
20		57		94
21		58		95
22		59		96
23		60		97
24		61		98
25		62		99
26		63		100
27		64		101
28		65		102
29		66		103
30		67		104
31		68		105
32		69		106
33		70		107
34		71		108
35		72		109
36		73		110
37		74		111

Technicals

Date _____ Time _____ Location _____

Home Team _____ Coach _____

1st Half Fouls: | | | | | | | | | | Full Timeouts: | | | |

2nd Half Fouls: | | | | | | | | | | 30 Sec. Timeouts: | |

No.	Name	Fouls	1st	2nd	3rd	4th	OT	Tot
	Totals							

Notes

	1		38		75
	2		39		76
	3		40		77
	4		41		78
	5		42		79
	6		43		80
	7		44		81
	8		45		82
	9		46		83
	10		47		84
	11		48		85
	12		49		86
	13		50		87
	14		51		88
	15		52		89
	16		53		90
	17		54		91
	18		55		92
	19		56		93
	20		57		94
	21		58		95
	22		59		96
	23		60		97
	24		61		98
	25		62		99
	26		63		100
	27		64		101
	28		65		102
	29		66		103
	30		67		104
	31		68		105
	32		69		106
	33		70		107
	34		71		108
	35		72		109
	36		73		110
	37		74		111

Technicals

Referee _____ Scorer _____ Timekeeper _____

Away Team _____ Coach _____

1st Half Fouls: | | | | | | | | | |

Full Timeouts: | | |

2nd Half Fouls: | | | | | | | | | |

30 Sec. Timeouts: | |

No.	Name	Fouls					1st	2nd	3rd	4th	OT	Tot
	Totals											

Notes

1		38		75	
2		39		76	
3		40		77	
4		41		78	
5		42		79	
6		43		80	
7		44		81	
8		45		82	
9		46		83	
10		47		84	
11		48		85	
12		49		86	
13		50		87	
14		51		88	
15		52		89	
16		53		90	
17		54		91	
18		55		92	
19		56		93	
20		57		94	
21		58		95	
22		59		96	
23		60		97	
24		61		98	
25		62		99	
26		63		100	
27		64		101	
28		65		102	
29		66		103	
30		67		104	
31		68		105	
32		69		106	
33		70		107	
34		71		108	
35		72		109	
36		73		110	
37		74		111	

Technicals

Date _____ Time _____ Location _____

Home Team _____ Coach _____

1st Half Fouls: ☐☐☐☐☐☐☐☐☐☐ Full Timeouts: ☐☐☐

2nd Half Fouls: ☐☐☐☐☐☐☐☐☐ 30 Sec. Timeouts: ☐☐

No.	Name	Fouls	1st	2nd	3rd	4th	OT	Tot
	Totals							

Notes

1		38		75	
2		39		76	
3		40		77	
4		41		78	
5		42		79	
6		43		80	
7		44		81	
8		45		82	
9		46		83	
10		47		84	
11		48		85	
12		49		86	
13		50		87	
14		51		88	
15		52		89	
16		53		90	
17		54		91	
18		55		92	
19		56		93	
20		57		94	
21		58		95	
22		59		96	
23		60		97	
24		61		98	
25		62		99	
26		63		100	
27		64		101	
28		65		102	
29		66		103	
30		67		104	
31		68		105	
32		69		106	
33		70		107	
34		71		108	
35		72		109	
36		73		110	
37		74		111	

Technicals

Referee	Scorer	Timekeeper

Away Team _____ Coach _____

1st Half Fouls: | | | | | | | | | | Full Timeouts: | | | |

2nd Half Fouls: | | | | | | | | | | 30 Sec. Timeouts: | | |

No.	Name	Fouls	1st	2nd	3rd	4th	OT	Tot
	Totals							

Notes

	1		38		75
	2		39		76
	3		40		77
	4		41		78
	5		42		79
	6		43		80
	7		44		81
	8		45		82
	9		46		83
	10		47		84
	11		48		85
	12		49		86
	13		50		87
	14		51		88
	15		52		89
	16		53		90
	17		54		91
	18		55		92
	19		56		93
	20		57		94
	21		58		95
	22		59		96
	23		60		97
	24		61		98
	25		62		99
	26		63		100
	27		64		101
	28		65		102
	29		66		103
	30		67		104
	31		68		105
	32		69		106
	33		70		107
	34		71		108
	35		72		109
	36		73		110
	37		74		111

Technicals

Date _____ Time _____ Location _____

Home Team _____ Coach _____

1st Half Fouls: ☐☐☐☐☐☐☐☐☐☐   Full Timeouts: ☐☐☐

2nd Half Fouls: ☐☐☐☐☐☐☐☐☐☐   30 Sec. Timeouts: ☐☐

No.	Name	Fouls	1st	2nd	3rd	4th	OT	Tot
	Totals							

1		38		75	
2		39		76	
3		40		77	
4		41		78	
5		42		79	
6		43		80	
7		44		81	
8		45		82	
9		46		83	
10		47		84	
11		48		85	
12		49		86	
13		50		87	
14		51		88	
15		52		89	
16		53		90	
17		54		91	
18		55		92	
19		56		93	
20		57		94	
21		58		95	
22		59		96	
23		60		97	
24		61		98	
25		62		99	
26		63		100	
27		64		101	
28		65		102	
29		66		103	
30		67		104	
31		68		105	
32		69		106	
33		70		107	
34		71		108	
35		72		109	
36		73		110	
37		74		111	

Notes

Technicals

Referee _____ Scorer _____ Timekeeper _____

Away Team _____ Coach _____

1st Half Fouls: [ ][ ][ ][ ][ ][ ][ ][ ][ ][ ]   Full Timeouts: [ ][ ][ ]

2nd Half Fouls: [ ][ ][ ][ ][ ][ ][ ][ ][ ][ ]   30 Sec. Timeouts: [ ][ ]

No.	Name	Fouls	1st	2nd	3rd	4th	OT	Tot
	Totals							

Notes

1		38		75
2		39		76
3		40		77
4		41		78
5		42		79
6		43		80
7		44		81
8		45		82
9		46		83
10		47		84
11		48		85
12		49		86
13		50		87
14		51		88
15		52		89
16		53		90
17		54		91
18		55		92
19		56		93
20		57		94
21		58		95
22		59		96
23		60		97
24		61		98
25		62		99
26		63		100
27		64		101
28		65		102
29		66		103
30		67		104
31		68		105
32		69		106
33		70		107
34		71		108
35		72		109
36		73		110
37		74		111

Technicals

Date _____ Time _____ Location _____

Home Team _____ Coach _____

1st Half Fouls: | | | | | | | | | | Full Timeouts: | | | |

2nd Half Fouls: | | | | | | | | | | 30 Sec. Timeouts: | |

No.	Name	Fouls	1st	2nd	3rd	4th	OT	Tot
	Totals							

Notes

1		38		75	
2		39		76	
3		40		77	
4		41		78	
5		42		79	
6		43		80	
7		44		81	
8		45		82	
9		46		83	
10		47		84	
11		48		85	
12		49		86	
13		50		87	
14		51		88	
15		52		89	
16		53		90	
17		54		91	
18		55		92	
19		56		93	
20		57		94	
21		58		95	
22		59		96	
23		60		97	
24		61		98	
25		62		99	
26		63		100	
27		64		101	
28		65		102	
29		66		103	
30		67		104	
31		68		105	
32		69		106	
33		70		107	
34		71		108	
35		72		109	
36		73		110	
37		74		111	

Technicals

Referee _____ Scorer _____ Timekeeper _____

Away Team _____ Coach _____

1st Half Fouls: | | | | | | | | | | Full Timeouts: | | | |

2nd Half Fouls: | | | | | | | | | | 30 Sec. Timeouts: | | |

No.	Name	Fouls					1st	2nd	3rd	4th	OT	Tot
	Totals											

	1		38		75
	2		39		76
	3		40		77
	4		41		78
	5		42		79
	6		43		80
	7		44		81
	8		45		82
	9		46		83
	10		47		84
	11		48		85
	12		49		86
	13		50		87
	14		51		88
	15		52		89
	16		53		90
	17		54		91
	18		55		92
	19		56		93
	20		57		94
	21		58		95
	22		59		96
	23		60		97
	24		61		98
	25		62		99
	26		63		100
	27		64		101
	28		65		102
	29		66		103
	30		67		104
	31		68		105
	32		69		106
	33		70		107
	34		71		108
	35		72		109
	36		73		110
	37		74		111

Technicals

Notes

Date _____ Time _____ Location _____

Home Team _____ Coach _____

1st Half Fouls: | | | | | | | | | | | Full Timeouts: | | | |

2nd Half Fouls: | | | | | | | | | | | 30 Sec. Timeouts: | | |

No.	Name	Fouls						1st	2nd	3rd	4th	OT	Tot
	Totals												

Notes

1		38		75
2		39		76
3		40		77
4		41		78
5		42		79
6		43		80
7		44		81
8		45		82
9		46		83
10		47		84
11		48		85
12		49		86
13		50		87
14		51		88
15		52		89
16		53		90
17		54		91
18		55		92
19		56		93
20		57		94
21		58		95
22		59		96
23		60		97
24		61		98
25		62		99
26		63		100
27		64		101
28		65		102
29		66		103
30		67		104
31		68		105
32		69		106
33		70		107
34		71		108
35		72		109
36		73		110
37		74		111

Technicals

Referee _____ Scorer _____ Timekeeper _____

Away Team _____ Coach _____

1st Half Fouls: ☐☐☐☐☐☐☐☐☐☐ Full Timeouts: ☐☐☐

2nd Half Fouls: ☐☐☐☐☐☐☐☐☐☐ 30 Sec. Timeouts: ☐☐

No.	Name	Fouls	1st	2nd	3rd	4th	OT	Tot
	Totals							

Notes

1		38		75	
2		39		76	
3		40		77	
4		41		78	
5		42		79	
6		43		80	
7		44		81	
8		45		82	
9		46		83	
10		47		84	
11		48		85	
12		49		86	
13		50		87	
14		51		88	
15		52		89	
16		53		90	
17		54		91	
18		55		92	
19		56		93	
20		57		94	
21		58		95	
22		59		96	
23		60		97	
24		61		98	
25		62		99	
26		63		100	
27		64		101	
28		65		102	
29		66		103	
30		67		104	
31		68		105	
32		69		106	
33		70		107	
34		71		108	
35		72		109	
36		73		110	
37		74		111	

Technicals

Date _____ Time _____ Location _____

Home Team _____ Coach _____

1st Half Fouls: | | | | | | | | | | Full Timeouts: | | | |

2nd Half Fouls: | | | | | | | | | | 30 Sec. Timeouts: | |

No.	Name	Fouls	1st	2nd	3rd	4th	OT	Tot
	Totals							

Notes

1		38		75	
2		39		76	
3		40		77	
4		41		78	
5		42		79	
6		43		80	
7		44		81	
8		45		82	
9		46		83	
10		47		84	
11		48		85	
12		49		86	
13		50		87	
14		51		88	
15		52		89	
16		53		90	
17		54		91	
18		55		92	
19		56		93	
20		57		94	
21		58		95	
22		59		96	
23		60		97	
24		61		98	
25		62		99	
26		63		100	
27		64		101	
28		65		102	
29		66		103	
30		67		104	
31		68		105	
32		69		106	
33		70		107	
34		71		108	
35		72		109	
36		73		110	
37		74		111	

Technicals

Referee _____ Scorer _____ Timekeeper _____

Away Team _____ Coach _____

1st Half Fouls: | | | | | | | | | | Full Timeouts: | | | |

2nd Half Fouls: | | | | | | | | | | 30 Sec. Timeouts: | |

No.	Name	Fouls					1st	2nd	3rd	4th	OT	Tot
	Totals											

Notes

	1		38		75
	2		39		76
	3		40		77
	4		41		78
	5		42		79
	6		43		80
	7		44		81
	8		45		82
	9		46		83
	10		47		84
	11		48		85
	12		49		86
	13		50		87
	14		51		88
	15		52		89
	16		53		90
	17		54		91
	18		55		92
	19		56		93
	20		57		94
	21		58		95
	22		59		96
	23		60		97
	24		61		98
	25		62		99
	26		63		100
	27		64		101
	28		65		102
	29		66		103
	30		67		104
	31		68		105
	32		69		106
	33		70		107
	34		71		108
	35		72		109
	36		73		110
	37		74		111

Technicals

Date _____ Time _____ Location _____

Home Team _____ Coach _____

1st Half Fouls: | | | | | | | | | | |

2nd Half Fouls: | | | | | | | | | | |

Full Timeouts: | | | |

30 Sec. Timeouts: | |

No.	Name	Fouls						1st	2nd	3rd	4th	OT	Tot
Totals													

Notes

1		38		75
2		39		76
3		40		77
4		41		78
5		42		79
6		43		80
7		44		81
8		45		82
9		46		83
10		47		84
11		48		85
12		49		86
13		50		87
14		51		88
15		52		89
16		53		90
17		54		91
18		55		92
19		56		93
20		57		94
21		58		95
22		59		96
23		60		97
24		61		98
25		62		99
26		63		100
27		64		101
28		65		102
29		66		103
30		67		104
31		68		105
32		69		106
33		70		107
34		71		108
35		72		109
36		73		110
37		74		111

Technicals

Referee _____ Scorer _____ Timekeeper _____

Away Team _____ Coach _____

1st Half Fouls: | | | | | | | | | | Full Timeouts: | | |

2nd Half Fouls: | | | | | | | | | | 30 Sec. Timeouts: | |

No.	Name	Fouls					1st	2nd	3rd	4th	OT	Tot
	Totals											

Notes

	1		38		75
	2		39		76
	3		40		77
	4		41		78
	5		42		79
	6		43		80
	7		44		81
	8		45		82
	9		46		83
	10		47		84
	11		48		85
	12		49		86
	13		50		87
	14		51		88
	15		52		89
	16		53		90
	17		54		91
	18		55		92
	19		56		93
	20		57		94
	21		58		95
	22		59		96
	23		60		97
	24		61		98
	25		62		99
	26		63		100
	27		64		101
	28		65		102
	29		66		103
	30		67		104
	31		68		105
	32		69		106
	33		70		107
	34		71		108
	35		72		109
	36		73		110
	37		74		111

Technicals

Date _____ Time _____ Location _____

Home Team _____ Coach _____

1st Half Fouls: | | | | | | | | | | Full Timeouts: | | | |

2nd Half Fouls: | | | | | | | | | | 30 Sec. Timeouts: | | |

No.	Name	Fouls	1st	2nd	3rd	4th	OT	Tot
	Totals							

Notes

	1		38		75
	2		39		76
	3		40		77
	4		41		78
	5		42		79
	6		43		80
	7		44		81
	8		45		82
	9		46		83
	10		47		84
	11		48		85
	12		49		86
	13		50		87
	14		51		88
	15		52		89
	16		53		90
	17		54		91
	18		55		92
	19		56		93
	20		57		94
	21		58		95
	22		59		96
	23		60		97
	24		61		98
	25		62		99
	26		63		100
	27		64		101
	28		65		102
	29		66		103
	30		67		104
	31		68		105
	32		69		106
	33		70		107
	34		71		108
	35		72		109
	36		73		110
	37		74		111

Technicals

Referee _____ Scorer _____ Timekeeper _____

Away Team _____ Coach _____

1st Half Fouls: | | | | | | | | | |

Full Timeouts: | | | |

2nd Half Fouls: | | | | | | | | | |

30 Sec. Timeouts: | | |

No.	Name	Fouls					1st	2nd	3rd	4th	OT	Tot
	Totals											

Notes

	1		38		75
	2		39		76
	3		40		77
	4		41		78
	5		42		79
	6		43		80
	7		44		81
	8		45		82
	9		46		83
	10		47		84
	11		48		85
	12		49		86
	13		50		87
	14		51		88
	15		52		89
	16		53		90
	17		54		91
	18		55		92
	19		56		93
	20		57		94
	21		58		95
	22		59		96
	23		60		97
	24		61		98
	25		62		99
	26		63		100
	27		64		101
	28		65		102
	29		66		103
	30		67		104
	31		68		105
	32		69		106
	33		70		107
	34		71		108
	35		72		109
	36		73		110
	37		74		111

Technicals

Date		Time		Location	

Home Team _____ Coach _____

1st Half Fouls: | | | | | | | | | | | | | | | | | | | Full Timeouts: | | | |

2nd Half Fouls: | | | | | | | | | | | | | | | | | | | 30 Sec. Timeouts: | | |

No.	Name	Fouls	1st	2nd	3rd	4th	OT	Tot
	Totals							

Notes

	1		38		75
	2		39		76
	3		40		77
	4		41		78
	5		42		79
	6		43		80
	7		44		81
	8		45		82
	9		46		83
	10		47		84
	11		48		85
	12		49		86
	13		50		87
	14		51		88
	15		52		89
	16		53		90
	17		54		91
	18		55		92
	19		56		93
	20		57		94
	21		58		95
	22		59		96
	23		60		97
	24		61		98
	25		62		99
	26		63		100
	27		64		101
	28		65		102
	29		66		103
	30		67		104
	31		68		105
	32		69		106
	33		70		107
	34		71		108
	35		72		109
	36		73		110
	37		74		111

Technicals

Referee _____ Scorer _____ Timekeeper _____

Away Team _____ Coach _____

1st Half Fouls: ☐☐☐☐☐☐☐☐☐☐ Full Timeouts: ☐☐☐

2nd Half Fouls: ☐☐☐☐☐☐☐☐☐☐ 30 Sec. Timeouts: ☐

No.	Name	Fouls	1st	2nd	3rd	4th	OT	Tot
	Totals							

Notes

1		38		75	
2		39		76	
3		40		77	
4		41		78	
5		42		79	
6		43		80	
7		44		81	
8		45		82	
9		46		83	
10		47		84	
11		48		85	
12		49		86	
13		50		87	
14		51		88	
15		52		89	
16		53		90	
17		54		91	
18		55		92	
19		56		93	
20		57		94	
21		58		95	
22		59		96	
23		60		97	
24		61		98	
25		62		99	
26		63		100	
27		64		101	
28		65		102	
29		66		103	
30		67		104	
31		68		105	
32		69		106	
33		70		107	
34		71		108	
35		72		109	
36		73		110	
37		74		111	

Technicals

Date _____ Time _____ Location _____

Home Team _____ Coach _____

1st Half Fouls: ☐☐☐☐☐☐☐☐☐☐ Full Timeouts: ☐☐☐

2nd Half Fouls: ☐☐☐☐☐☐☐☐☐☐ 30 Sec. Timeouts: ☐☐

No.	Name	Fouls	1st	2nd	3rd	4th	OT	Tot
	Totals							

Notes

1		38		75	
2		39		76	
3		40		77	
4		41		78	
5		42		79	
6		43		80	
7		44		81	
8		45		82	
9		46		83	
10		47		84	
11		48		85	
12		49		86	
13		50		87	
14		51		88	
15		52		89	
16		53		90	
17		54		91	
18		55		92	
19		56		93	
20		57		94	
21		58		95	
22		59		96	
23		60		97	
24		61		98	
25		62		99	
26		63		100	
27		64		101	
28		65		102	
29		66		103	
30		67		104	
31		68		105	
32		69		106	
33		70		107	
34		71		108	
35		72		109	
36		73		110	
37		74		111	

Technicals

Referee _____ Scorer _____ Timekeeper _____

Away Team _____ Coach _____

1st Half Fouls: | | | | | | | | | | | Full Timeouts: | | | |

2nd Half Fouls: | | | | | | | | | | | 30 Sec. Timeouts: | | |

No.	Name	Fouls					1st	2nd	3rd	4th	OT	Tot
	Totals											

Notes

	1		38		75
	2		39		76
	3		40		77
	4		41		78
	5		42		79
	6		43		80
	7		44		81
	8		45		82
	9		46		83
	10		47		84
	11		48		85
	12		49		86
	13		50		87
	14		51		88
	15		52		89
	16		53		90
	17		54		91
	18		55		92
	19		56		93
	20		57		94
	21		58		95
	22		59		96
	23		60		97
	24		61		98
	25		62		99
	26		63		100
	27		64		101
	28		65		102
	29		66		103
	30		67		104
	31		68		105
	32		69		106
	33		70		107
	34		71		108
	35		72		109
	36		73		110
	37		74		111

Technicals

Date _____ Time _____ Location _____

Home Team _____ Coach _____

1st Half Fouls: ☐☐☐☐☐☐☐☐☐☐   Full Timeouts: ☐☐☐

2nd Half Fouls: ☐☐☐☐☐☐☐☐☐☐   30 Sec. Timeouts: ☐☐

No.	Name	Fouls	1st	2nd	3rd	4th	OT	Tot
	Totals							

Notes

1		38		75	
2		39		76	
3		40		77	
4		41		78	
5		42		79	
6		43		80	
7		44		81	
8		45		82	
9		46		83	
10		47		84	
11		48		85	
12		49		86	
13		50		87	
14		51		88	
15		52		89	
16		53		90	
17		54		91	
18		55		92	
19		56		93	
20		57		94	
21		58		95	
22		59		96	
23		60		97	
24		61		98	
25		62		99	
26		63		100	
27		64		101	
28		65		102	
29		66		103	
30		67		104	
31		68		105	
32		69		106	
33		70		107	
34		71		108	
35		72		109	
36		73		110	
37		74		111	

Technicals

Referee _____ Scorer _____ Timekeeper _____

Away Team _____ Coach _____

1st Half Fouls: | | | | | | | | | | Full Timeouts: | | | |

2nd Half Fouls: | | | | | | | | | | 30 Sec. Timeouts: | |

No.	Name	Fouls	1st	2nd	3rd	4th	OT	Tot
	Totals							

Notes

1		38		75	
2		39		76	
3		40		77	
4		41		78	
5		42		79	
6		43		80	
7		44		81	
8		45		82	
9		46		83	
10		47		84	
11		48		85	
12		49		86	
13		50		87	
14		51		88	
15		52		89	
16		53		90	
17		54		91	
18		55		92	
19		56		93	
20		57		94	
21		58		95	
22		59		96	
23		60		97	
24		61		98	
25		62		99	
26		63		100	
27		64		101	
28		65		102	
29		66		103	
30		67		104	
31		68		105	
32		69		106	
33		70		107	
34		71		108	
35		72		109	
36		73		110	
37		74		111	

Technicals

Date _____ Time _____ Location _____

Home Team _____ Coach _____

1st Half Fouls: ☐☐☐☐☐☐☐☐☐☐ Full Timeouts: ☐☐☐

2nd Half Fouls: ☐☐☐☐☐☐☐☐☐☐ 30 Sec. Timeouts: ☐☐

No.	Name	Fouls	1st	2nd	3rd	4th	OT	Tot
	Totals							

1		38		75	
2		39		76	
3		40		77	
4		41		78	
5		42		79	
6		43		80	
7		44		81	
8		45		82	
9		46		83	
10		47		84	
11		48		85	
12		49		86	
13		50		87	
14		51		88	
15		52		89	
16		53		90	
17		54		91	
18		55		92	
19		56		93	
20		57		94	
21		58		95	
22		59		96	
23		60		97	
24		61		98	
25		62		99	
26		63		100	
27		64		101	
28		65		102	
29		66		103	
30		67		104	
31		68		105	
32		69		106	
33		70		107	
34		71		108	
35		72		109	
36		73		110	
37		74		111	

Technicals

Notes

Referee _____ Scorer _____ Timekeeper _____

Away Team _____ Coach _____

1st Half Fouls: | | | | | | | | | | |

Full Timeouts: | | | |

2nd Half Fouls: | | | | | | | | | | |

30 Sec. Timeouts: | | |

No.	Name	Fouls	1st	2nd	3rd	4th	OT	Tot
	Totals							

Notes

1		38		75	
2		39		76	
3		40		77	
4		41		78	
5		42		79	
6		43		80	
7		44		81	
8		45		82	
9		46		83	
10		47		84	
11		48		85	
12		49		86	
13		50		87	
14		51		88	
15		52		89	
16		53		90	
17		54		91	
18		55		92	
19		56		93	
20		57		94	
21		58		95	
22		59		96	
23		60		97	
24		61		98	
25		62		99	
26		63		100	
27		64		101	
28		65		102	
29		66		103	
30		67		104	
31		68		105	
32		69		106	
33		70		107	
34		71		108	
35		72		109	
36		73		110	
37		74		111	

Technicals

Date _____ Time _____ Location _____

Home Team _____ Coach _____

1st Half Fouls: | | | | | | | | | | | Full Timeouts: | | | |

2nd Half Fouls: | | | | | | | | | | | 30 Sec. Timeouts: | | |

No.	Name						Fouls	1st	2nd	3rd	4th	OT	Tot
	Totals												

Notes

	1		38		75
	2		39		76
	3		40		77
	4		41		78
	5		42		79
	6		43		80
	7		44		81
	8		45		82
	9		46		83
	10		47		84
	11		48		85
	12		49		86
	13		50		87
	14		51		88
	15		52		89
	16		53		90
	17		54		91
	18		55		92
	19		56		93
	20		57		94
	21		58		95
	22		59		96
	23		60		97
	24		61		98
	25		62		99
	26		63		100
	27		64		101
	28		65		102
	29		66		103
	30		67		104
	31		68		105
	32		69		106
	33		70		107
	34		71		108
	35		72		109
	36		73		110
	37		74		111

Technicals

Away Team _____ Coach _____

1st Half Fouls: | | | | | | | | | | Full Timeouts: | | | |

2nd Half Fouls: | | | | | | | | | | 30 Sec. Timeouts: | | |

No.	Name	Fouls	1st	2nd	3rd	4th	OT	Tot
	Totals							

Notes

	1		38		75
	2		39		76
	3		40		77
	4		41		78
	5		42		79
	6		43		80
	7		44		81
	8		45		82
	9		46		83
	10		47		84
	11		48		85
	12		49		86
	13		50		87
	14		51		88
	15		52		89
	16		53		90
	17		54		91
	18		55		92
	19		56		93
	20		57		94
	21		58		95
	22		59		96
	23		60		97
	24		61		98
	25		62		99
	26		63		100
	27		64		101
	28		65		102
	29		66		103
	30		67		104
	31		68		105
	32		69		106
	33		70		107
	34		71		108
	35		72		109
	36		73		110
	37		74		111

Technicals

Date _____ Time _____ Location _____

Home Team _____ Coach _____

1st Half Fouls: | | | | | | | | | | | Full Timeouts: | | | |

2nd Half Fouls: | | | | | | | | | | | 30 Sec. Timeouts: | | |

No.	Name	Fouls					1st	2nd	3rd	4th	OT	Tot
	Totals											

Notes

	1		38		75
	2		39		76
	3		40		77
	4		41		78
	5		42		79
	6		43		80
	7		44		81
	8		45		82
	9		46		83
	10		47		84
	11		48		85
	12		49		86
	13		50		87
	14		51		88
	15		52		89
	16		53		90
	17		54		91
	18		55		92
	19		56		93
	20		57		94
	21		58		95
	22		59		96
	23		60		97
	24		61		98
	25		62		99
	26		63		100
	27		64		101
	28		65		102
	29		66		103
	30		67		104
	31		68		105
	32		69		106
	33		70		107
	34		71		108
	35		72		109
	36		73		110
	37		74		111

Technicals

| Referee _____ | Scorer _____ | Timekeeper _____ |

Away Team _____   Coach _____

1st Half Fouls: | | | | | | | | | | | Full Timeouts: | | | |

2nd Half Fouls: | | | | | | | | | | | 30 Sec. Timeouts: | | |

No.	Name	Fouls					1st	2nd	3rd	4th	OT	Tot
	Totals											

Notes

	1		38		75
	2		39		76
	3		40		77
	4		41		78
	5		42		79
	6		43		80
	7		44		81
	8		45		82
	9		46		83
	10		47		84
	11		48		85
	12		49		86
	13		50		87
	14		51		88
	15		52		89
	16		53		90
	17		54		91
	18		55		92
	19		56		93
	20		57		94
	21		58		95
	22		59		96
	23		60		97
	24		61		98
	25		62		99
	26		63		100
	27		64		101
	28		65		102
	29		66		103
	30		67		104
	31		68		105
	32		69		106
	33		70		107
	34		71		108
	35		72		109
	36		73		110
	37		74		111

Technicals

Date _____ Time _____ Location _____

Home Team _____ Coach _____

1st Half Fouls: | | | | | | | | | | | Full Timeouts: | | | |

2nd Half Fouls: | | | | | | | | | | | 30 Sec. Timeouts: | | |

No.	Name	Fouls					1st	2nd	3rd	4th	OT	Tot
	Totals											

Notes

1		38		75	
2		39		76	
3		40		77	
4		41		78	
5		42		79	
6		43		80	
7		44		81	
8		45		82	
9		46		83	
10		47		84	
11		48		85	
12		49		86	
13		50		87	
14		51		88	
15		52		89	
16		53		90	
17		54		91	
18		55		92	
19		56		93	
20		57		94	
21		58		95	
22		59		96	
23		60		97	
24		61		98	
25		62		99	
26		63		100	
27		64		101	
28		65		102	
29		66		103	
30		67		104	
31		68		105	
32		69		106	
33		70		107	
34		71		108	
35		72		109	
36		73		110	
37		74		111	

Technicals

| Referee _____ | Scorer _____ | Timekeeper _____ |

Away Team _____   Coach _____

1st Half Fouls: ☐☐☐☐☐☐☐☐☐☐   Full Timeouts: ☐☐☐

2nd Half Fouls: ☐☐☐☐☐☐☐☐☐☐   30 Sec. Timeouts: ☐☐

No.	Name	Fouls	1st	2nd	3rd	4th	OT	Tot
	Totals							

Notes

1		38		75	
2		39		76	
3		40		77	
4		41		78	
5		42		79	
6		43		80	
7		44		81	
8		45		82	
9		46		83	
10		47		84	
11		48		85	
12		49		86	
13		50		87	
14		51		88	
15		52		89	
16		53		90	
17		54		91	
18		55		92	
19		56		93	
20		57		94	
21		58		95	
22		59		96	
23		60		97	
24		61		98	
25		62		99	
26		63		100	
27		64		101	
28		65		102	
29		66		103	
30		67		104	
31		68		105	
32		69		106	
33		70		107	
34		71		108	
35		72		109	
36		73		110	
37		74		111	

Technicals

Date	Time	Location

Home Team _____ Coach _____

1st Half Fouls: ☐☐☐☐☐☐☐☐☐☐ Full Timeouts: ☐☐☐

2nd Half Fouls: ☐☐☐☐☐☐☐☐☐☐ 30 Sec. Timeouts: ☐☐

No.	Name	Fouls	1st	2nd	3rd	4th	OT	Tot
	Totals							

Notes

1		38		75	
2		39		76	
3		40		77	
4		41		78	
5		42		79	
6		43		80	
7		44		81	
8		45		82	
9		46		83	
10		47		84	
11		48		85	
12		49		86	
13		50		87	
14		51		88	
15		52		89	
16		53		90	
17		54		91	
18		55		92	
19		56		93	
20		57		94	
21		58		95	
22		59		96	
23		60		97	
24		61		98	
25		62		99	
26		63		100	
27		64		101	
28		65		102	
29		66		103	
30		67		104	
31		68		105	
32		69		106	
33		70		107	
34		71		108	
35		72		109	
36		73		110	
37		74		111	

Technicals

Referee _____ Scorer _____ Timekeeper _____

Away Team _____ Coach _____

1st Half Fouls: ☐☐☐☐☐☐☐☐☐☐   Full Timeouts: ☐☐☐

2nd Half Fouls: ☐☐☐☐☐☐☐☐☐☐   30 Sec. Timeouts: ☐☐

No.	Name	Fouls	1st	2nd	3rd	4th	OT	Tot
	Totals							

Notes

	1		38		75
	2		39		76
	3		40		77
	4		41		78
	5		42		79
	6		43		80
	7		44		81
	8		45		82
	9		46		83
	10		47		84
	11		48		85
	12		49		86
	13		50		87
	14		51		88
	15		52		89
	16		53		90
	17		54		91
	18		55		92
	19		56		93
	20		57		94
	21		58		95
	22		59		96
	23		60		97
	24		61		98
	25		62		99
	26		63		100
	27		64		101
	28		65		102
	29		66		103
	30		67		104
	31		68		105
	32		69		106
	33		70		107
	34		71		108
	35		72		109
	36		73		110
	37		74		111

Technicals

Date _____ Time _____ Location _____

Home Team _____ Coach _____

1st Half Fouls: | | | | | | | | | | Full Timeouts: | | | |

2nd Half Fouls: | | | | | | | | | | 30 Sec. Timeouts: | |

No.	Name	Fouls						1st	2nd	3rd	4th	OT	Tot
	Totals												

Notes

1		38		75
2		39		76
3		40		77
4		41		78
5		42		79
6		43		80
7		44		81
8		45		82
9		46		83
10		47		84
11		48		85
12		49		86
13		50		87
14		51		88
15		52		89
16		53		90
17		54		91
18		55		92
19		56		93
20		57		94
21		58		95
22		59		96
23		60		97
24		61		98
25		62		99
26		63		100
27		64		101
28		65		102
29		66		103
30		67		104
31		68		105
32		69		106
33		70		107
34		71		108
35		72		109
36		73		110
37		74		111

Technicals

Referee _____	Scorer _____	Timekeeper _____

Away Team _____   Coach _____

1st Half Fouls: ☐☐☐☐☐☐☐☐☐☐   Full Timeouts: ☐☐☐

2nd Half Fouls: ☐☐☐☐☐☐☐☐☐☐   30 Sec. Timeouts: ☐☐

No.	Name	Fouls	1st	2nd	3rd	4th	OT	Tot
	Totals							

Notes

	1		38		75
	2		39		76
	3		40		77
	4		41		78
	5		42		79
	6		43		80
	7		44		81
	8		45		82
	9		46		83
	10		47		84
	11		48		85
	12		49		86
	13		50		87
	14		51		88
	15		52		89
	16		53		90
	17		54		91
	18		55		92
	19		56		93
	20		57		94
	21		58		95
	22		59		96
	23		60		97
	24		61		98
	25		62		99
	26		63		100
	27		64		101
	28		65		102
	29		66		103
	30		67		104
	31		68		105
	32		69		106
	33		70		107
	34		71		108
	35		72		109
	36		73		110
	37		74		111

Technicals

Date	Time	Location

Home Team _____ Coach _____

1st Half Fouls: ☐☐☐☐☐☐☐☐☐☐ Full Timeouts: ☐☐☐

2nd Half Fouls: ☐☐☐☐☐☐☐☐☐☐ 30 Sec. Timeouts: ☐☐

No.	Name	Fouls	1st	2nd	3rd	4th	OT	Tot
	Totals							

1		38		75
2		39		76
3		40		77
4		41		78
5		42		79
6		43		80
7		44		81
8		45		82
9		46		83
10		47		84
11		48		85
12		49		86
13		50		87
14		51		88
15		52		89
16		53		90
17		54		91
18		55		92
19		56		93
20		57		94
21		58		95
22		59		96
23		60		97
24		61		98
25		62		99
26		63		100
27		64		101
28		65		102
29		66		103
30		67		104
31		68		105
32		69		106
33		70		107
34		71		108
35		72		109
36		73		110
37		74		111

Technicals

Notes

Referee _____ Scorer _____ Timekeeper _____

Away Team _____ Coach _____

1st Half Fouls: | | | | | | | | | |

2nd Half Fouls: | | | | | | | | | |

Full Timeouts: | | | |

30 Sec. Timeouts: | |

No.	Name	Fouls	1st	2nd	3rd	4th	OT	Tot
	Totals							

Notes

1		38		75	
2		39		76	
3		40		77	
4		41		78	
5		42		79	
6		43		80	
7		44		81	
8		45		82	
9		46		83	
10		47		84	
11		48		85	
12		49		86	
13		50		87	
14		51		88	
15		52		89	
16		53		90	
17		54		91	
18		55		92	
19		56		93	
20		57		94	
21		58		95	
22		59		96	
23		60		97	
24		61		98	
25		62		99	
26		63		100	
27		64		101	
28		65		102	
29		66		103	
30		67		104	
31		68		105	
32		69		106	
33		70		107	
34		71		108	
35		72		109	
36		73		110	
37		74		111	

Technicals

Date _____ Time _____ Location _____

Home Team _____ Coach _____

1st Half Fouls: ☐☐☐☐☐☐☐☐☐☐   Full Timeouts: ☐☐☐

2nd Half Fouls: ☐☐☐☐☐☐☐☐☐☐   30 Sec. Timeouts: ☐☐

No.	Name	Fouls						1st	2nd	3rd	4th	OT	Tot
Totals													

Notes

1		38		75	
2		39		76	
3		40		77	
4		41		78	
5		42		79	
6		43		80	
7		44		81	
8		45		82	
9		46		83	
10		47		84	
11		48		85	
12		49		86	
13		50		87	
14		51		88	
15		52		89	
16		53		90	
17		54		91	
18		55		92	
19		56		93	
20		57		94	
21		58		95	
22		59		96	
23		60		97	
24		61		98	
25		62		99	
26		63		100	
27		64		101	
28		65		102	
29		66		103	
30		67		104	
31		68		105	
32		69		106	
33		70		107	
34		71		108	
35		72		109	
36		73		110	
37		74		111	

Technicals

Referee _____ Scorer _____ Timekeeper _____

Away Team _____ Coach _____

1st Half Fouls: | | | | | | | | | | Full Timeouts: | | | |

2nd Half Fouls: | | | | | | | | | | 30 Sec. Timeouts: | |

No.	Name	Fouls	1st	2nd	3rd	4th	OT	Tot
	Totals							

Notes

1		38		75	
2		39		76	
3		40		77	
4		41		78	
5		42		79	
6		43		80	
7		44		81	
8		45		82	
9		46		83	
10		47		84	
11		48		85	
12		49		86	
13		50		87	
14		51		88	
15		52		89	
16		53		90	
17		54		91	
18		55		92	
19		56		93	
20		57		94	
21		58		95	
22		59		96	
23		60		97	
24		61		98	
25		62		99	
26		63		100	
27		64		101	
28		65		102	
29		66		103	
30		67		104	
31		68		105	
32		69		106	
33		70		107	
34		71		108	
35		72		109	
36		73		110	
37		74		111	

Technicals

Date _____ Time _____ Location _____

Home Team _____ Coach _____

1st Half Fouls: ☐☐☐☐☐☐☐☐☐☐   Full Timeouts: ☐☐☐

2nd Half Fouls: ☐☐☐☐☐☐☐☐☐☐   30 Sec. Timeouts: ☐☐

No.	Name	Fouls	1st	2nd	3rd	4th	OT	Tot
	Totals							

1	38	75
2	39	76
3	40	77
4	41	78
5	42	79
6	43	80
7	44	81
8	45	82
9	46	83
10	47	84
11	48	85
12	49	86
13	50	87
14	51	88
15	52	89
16	53	90
17	54	91
18	55	92
19	56	93
20	57	94
21	58	95
22	59	96
23	60	97
24	61	98
25	62	99
26	63	100
27	64	101
28	65	102
29	66	103
30	67	104
31	68	105
32	69	106
33	70	107
34	71	108
35	72	109
36	73	110
37	74	111

Technicals

Notes

Referee _____ Scorer _____ Timekeeper _____

Away Team _____ Coach _____

1st Half Fouls: | | | | | | | | | | | Full Timeouts: | | | |

2nd Half Fouls: | | | | | | | | | | 30 Sec. Timeouts: | |

No.	Name	Fouls						1st	2nd	3rd	4th	OT	Tot
	Totals												

Notes

	1		38		75
	2		39		76
	3		40		77
	4		41		78
	5		42		79
	6		43		80
	7		44		81
	8		45		82
	9		46		83
	10		47		84
	11		48		85
	12		49		86
	13		50		87
	14		51		88
	15		52		89
	16		53		90
	17		54		91
	18		55		92
	19		56		93
	20		57		94
	21		58		95
	22		59		96
	23		60		97
	24		61		98
	25		62		99
	26		63		100
	27		64		101
	28		65		102
	29		66		103
	30		67		104
	31		68		105
	32		69		106
	33		70		107
	34		71		108
	35		72		109
	36		73		110
	37		74		111

Technicals

Date _____ Time _____ Location _____

Home Team _____ Coach _____

1st Half Fouls: | | | | | | | | | | Full Timeouts: | | | |

2nd Half Fouls: | | | | | | | | | | 30 Sec. Timeouts: | | |

No.	Name	Fouls						1st	2nd	3rd	4th	OT	Tot
	Totals												

Notes

1		38		75	
2		39		76	
3		40		77	
4		41		78	
5		42		79	
6		43		80	
7		44		81	
8		45		82	
9		46		83	
10		47		84	
11		48		85	
12		49		86	
13		50		87	
14		51		88	
15		52		89	
16		53		90	
17		54		91	
18		55		92	
19		56		93	
20		57		94	
21		58		95	
22		59		96	
23		60		97	
24		61		98	
25		62		99	
26		63		100	
27		64		101	
28		65		102	
29		66		103	
30		67		104	
31		68		105	
32		69		106	
33		70		107	
34		71		108	
35		72		109	
36		73		110	
37		74		111	

Technicals

Referee _____ Scorer _____ Timekeeper _____

Away Team _____ Coach _____

1st Half Fouls: | | | | | | | | | |

Full Timeouts: | | |

2nd Half Fouls: | | | | | | | | | |

30 Sec. Timeouts: | |

No.	Name	Fouls					1st	2nd	3rd	4th	OT	Tot
	Totals											

Notes

	1		38		75
	2		39		76
	3		40		77
	4		41		78
	5		42		79
	6		43		80
	7		44		81
	8		45		82
	9		46		83
	10		47		84
	11		48		85
	12		49		86
	13		50		87
	14		51		88
	15		52		89
	16		53		90
	17		54		91
	18		55		92
	19		56		93
	20		57		94
	21		58		95
	22		59		96
	23		60		97
	24		61		98
	25		62		99
	26		63		100
	27		64		101
	28		65		102
	29		66		103
	30		67		104
	31		68		105
	32		69		106
	33		70		107
	34		71		108
	35		72		109
	36		73		110
	37		74		111

Technicals

Date _____ Time _____ Location _____

Home Team _____ Coach _____

1st Half Fouls: | | | | | | | | | | | Full Timeouts: | | | |

2nd Half Fouls: | | | | | | | | | | | 30 Sec. Timeouts: | | |

No.	Name	Fouls	1st	2nd	3rd	4th	OT	Tot
	Totals							

Notes

1		38		75
2		39		76
3		40		77
4		41		78
5		42		79
6		43		80
7		44		81
8		45		82
9		46		83
10		47		84
11		48		85
12		49		86
13		50		87
14		51		88
15		52		89
16		53		90
17		54		91
18		55		92
19		56		93
20		57		94
21		58		95
22		59		96
23		60		97
24		61		98
25		62		99
26		63		100
27		64		101
28		65		102
29		66		103
30		67		104
31		68		105
32		69		106
33		70		107
34		71		108
35		72		109
36		73		110
37		74		111

Technicals

Referee _____	Scorer _____	Timekeeper _____

Away Team _____   Coach _____

1st Half Fouls: | | | | | | | | | | Full Timeouts: | | | |

2nd Half Fouls: | | | | | | | | | | 30 Sec. Timeouts: | | |

No.	Name	Fouls	1st	2nd	3rd	4th	OT	Tot
	Totals							

Notes

1		38		75
2		39		76
3		40		77
4		41		78
5		42		79
6		43		80
7		44		81
8		45		82
9		46		83
10		47		84
11		48		85
12		49		86
13		50		87
14		51		88
15		52		89
16		53		90
17		54		91
18		55		92
19		56		93
20		57		94
21		58		95
22		59		96
23		60		97
24		61		98
25		62		99
26		63		100
27		64		101
28		65		102
29		66		103
30		67		104
31		68		105
32		69		106
33		70		107
34		71		108
35		72		109
36		73		110
37		74		111

Technicals

| Date _____ | Time _____ | Location _____ |

Home Team _____ Coach _____

1st Half Fouls: | | | | | | | | | | | Full Timeouts: | | |

2nd Half Fouls: | | | | | | | | | | | 30 Sec. Timeouts: | |

No.	Name	Fouls	1st	2nd	3rd	4th	OT	Tot
	Totals							

Notes

1		38		75	
2		39		76	
3		40		77	
4		41		78	
5		42		79	
6		43		80	
7		44		81	
8		45		82	
9		46		83	
10		47		84	
11		48		85	
12		49		86	
13		50		87	
14		51		88	
15		52		89	
16		53		90	
17		54		91	
18		55		92	
19		56		93	
20		57		94	
21		58		95	
22		59		96	
23		60		97	
24		61		98	
25		62		99	
26		63		100	
27		64		101	
28		65		102	
29		66		103	
30		67		104	
31		68		105	
32		69		106	
33		70		107	
34		71		108	
35		72		109	
36		73		110	
37		74		111	

Technicals

Referee _____ Scorer _____ Timekeeper _____

Away Team _____ Coach _____

1st Half Fouls: | | | | | | | | | |

2nd Half Fouls: | | | | | | | | | |

Full Timeouts: | | |

30 Sec. Timeouts: | |

No.	Name	Fouls	1st	2nd	3rd	4th	OT	Tot
	Totals							

Notes

1		38		75	
2		39		76	
3		40		77	
4		41		78	
5		42		79	
6		43		80	
7		44		81	
8		45		82	
9		46		83	
10		47		84	
11		48		85	
12		49		86	
13		50		87	
14		51		88	
15		52		89	
16		53		90	
17		54		91	
18		55		92	
19		56		93	
20		57		94	
21		58		95	
22		59		96	
23		60		97	
24		61		98	
25		62		99	
26		63		100	
27		64		101	
28		65		102	
29		66		103	
30		67		104	
31		68		105	
32		69		106	
33		70		107	
34		71		108	
35		72		109	
36		73		110	
37		74		111	

Technicals

Date _____ Time _____ Location _____

Home Team _____ Coach _____

1st Half Fouls: ⬜⬜⬜⬜⬜⬜⬜⬜⬜⬜ Full Timeouts: ⬜⬜⬜

2nd Half Fouls: ⬜⬜⬜⬜⬜⬜⬜⬜⬜⬜ 30 Sec. Timeouts: ⬜⬜

No.	Name	Fouls	1st	2nd	3rd	4th	OT	Tot
	Totals							

Notes

1		38		75	
2		39		76	
3		40		77	
4		41		78	
5		42		79	
6		43		80	
7		44		81	
8		45		82	
9		46		83	
10		47		84	
11		48		85	
12		49		86	
13		50		87	
14		51		88	
15		52		89	
16		53		90	
17		54		91	
18		55		92	
19		56		93	
20		57		94	
21		58		95	
22		59		96	
23		60		97	
24		61		98	
25		62		99	
26		63		100	
27		64		101	
28		65		102	
29		66		103	
30		67		104	
31		68		105	
32		69		106	
33		70		107	
34		71		108	
35		72		109	
36		73		110	
37		74		111	

Technicals

Referee _____ Scorer _____ Timekeeper _____

Away Team _____ Coach _____

1st Half Fouls: ⬚⬚⬚⬚⬚⬚⬚⬚⬚⬚   Full Timeouts: ⬚⬚⬚

2nd Half Fouls: ⬚⬚⬚⬚⬚⬚⬚⬚⬚⬚   30 Sec. Timeouts: ⬚⬚

No.	Name				Fouls			1st	2nd	3rd	4th	OT	Tot
	Totals												

1		38		75
2		39		76
3		40		77
4		41		78
5		42		79
6		43		80
7		44		81
8		45		82
9		46		83
10		47		84
11		48		85
12		49		86
13		50		87
14		51		88
15		52		89
16		53		90
17		54		91
18		55		92
19		56		93
20		57		94
21		58		95
22		59		96
23		60		97
24		61		98
25		62		99
26		63		100
27		64		101
28		65		102
29		66		103
30		67		104
31		68		105
32		69		106
33		70		107
34		71		108
35		72		109
36		73		110
37		74		111

Notes

Technicals

Date _____ Time _____ Location _____

Home Team _____ Coach _____

1st Half Fouls: | | | | | | | | | Full Timeouts: | | | |

2nd Half Fouls: | | | | | | | | | 30 Sec. Timeouts: | | |

No.	Name	Fouls						1st	2nd	3rd	4th	OT	Tot
	Totals												

Notes

1		38		75	
2		39		76	
3		40		77	
4		41		78	
5		42		79	
6		43		80	
7		44		81	
8		45		82	
9		46		83	
10		47		84	
11		48		85	
12		49		86	
13		50		87	
14		51		88	
15		52		89	
16		53		90	
17		54		91	
18		55		92	
19		56		93	
20		57		94	
21		58		95	
22		59		96	
23		60		97	
24		61		98	
25		62		99	
26		63		100	
27		64		101	
28		65		102	
29		66		103	
30		67		104	
31		68		105	
32		69		106	
33		70		107	
34		71		108	
35		72		109	
36		73		110	
37		74		111	

Technicals

Referee _____ Scorer _____ Timekeeper _____

Away Team _____ Coach _____

1st Half Fouls: | | | | | | | | | | Full Timeouts: | | | |

2nd Half Fouls: | | | | | | | | | | 30 Sec. Timeouts: | | |

No.	Name	Fouls						1st	2nd	3rd	4th	OT	Tot
	Totals												

Notes

	1		38		75
	2		39		76
	3		40		77
	4		41		78
	5		42		79
	6		43		80
	7		44		81
	8		45		82
	9		46		83
	10		47		84
	11		48		85
	12		49		86
	13		50		87
	14		51		88
	15		52		89
	16		53		90
	17		54		91
	18		55		92
	19		56		93
	20		57		94
	21		58		95
	22		59		96
	23		60		97
	24		61		98
	25		62		99
	26		63		100
	27		64		101
	28		65		102
	29		66		103
	30		67		104
	31		68		105
	32		69		106
	33		70		107
	34		71		108
	35		72		109
	36		73		110
	37		74		111

Technicals

Date _____ Time _____ Location _____

Home Team _____ Coach _____

1st Half Fouls: | | | | | | | | | | | | Full Timeouts: | | | |

2nd Half Fouls: | | | | | | | | | | | | 30 Sec. Timeouts: | | |

No.	Name	Fouls	1st	2nd	3rd	4th	OT	Tot
	Totals							

Notes

1	38	75
2	39	76
3	40	77
4	41	78
5	42	79
6	43	80
7	44	81
8	45	82
9	46	83
10	47	84
11	48	85
12	49	86
13	50	87
14	51	88
15	52	89
16	53	90
17	54	91
18	55	92
19	56	93
20	57	94
21	58	95
22	59	96
23	60	97
24	61	98
25	62	99
26	63	100
27	64	101
28	65	102
29	66	103
30	67	104
31	68	105
32	69	106
33	70	107
34	71	108
35	72	109
36	73	110
37	74	111

Technicals

Referee _____ Scorer _____ Timekeeper _____

Away Team _____ Coach _____

1st Half Fouls: | | | | | | | | | |

2nd Half Fouls: | | | | | | | | | |

Full Timeouts: | | | |

30 Sec. Timeouts: | |

No.	Name	Fouls	1st	2nd	3rd	4th	OT	Tot
	Totals							

Notes

1		38		75	
2		39		76	
3		40		77	
4		41		78	
5		42		79	
6		43		80	
7		44		81	
8		45		82	
9		46		83	
10		47		84	
11		48		85	
12		49		86	
13		50		87	
14		51		88	
15		52		89	
16		53		90	
17		54		91	
18		55		92	
19		56		93	
20		57		94	
21		58		95	
22		59		96	
23		60		97	
24		61		98	
25		62		99	
26		63		100	
27		64		101	
28		65		102	
29		66		103	
30		67		104	
31		68		105	
32		69		106	
33		70		107	
34		71		108	
35		72		109	
36		73		110	
37		74		111	

Technicals

Date _____ Time _____ Location _____

Home Team _____ Coach _____

1st Half Fouls: | | | | | | | | | | | Full Timeouts: | | | |

2nd Half Fouls: | | | | | | | | | | | 30 Sec. Timeouts: | | |

No.	Name	Fouls	1st	2nd	3rd	4th	OT	Tot
	Totals							

Notes

1		38		75
2		39		76
3		40		77
4		41		78
5		42		79
6		43		80
7		44		81
8		45		82
9		46		83
10		47		84
11		48		85
12		49		86
13		50		87
14		51		88
15		52		89
16		53		90
17		54		91
18		55		92
19		56		93
20		57		94
21		58		95
22		59		96
23		60		97
24		61		98
25		62		99
26		63		100
27		64		101
28		65		102
29		66		103
30		67		104
31		68		105
32		69		106
33		70		107
34		71		108
35		72		109
36		73		110
37		74		111

Technicals

Referee _____ Scorer _____ Timekeeper _____

Away Team _____ Coach _____

1st Half Fouls: | | | | | | | | | Full Timeouts: | | | |

2nd Half Fouls: | | | | | | | | | 30 Sec. Timeouts: | |

No.	Name	Fouls	1st	2nd	3rd	4th	OT	Tot
	Totals							

Notes

1		38		75	
2		39		76	
3		40		77	
4		41		78	
5		42		79	
6		43		80	
7		44		81	
8		45		82	
9		46		83	
10		47		84	
11		48		85	
12		49		86	
13		50		87	
14		51		88	
15		52		89	
16		53		90	
17		54		91	
18		55		92	
19		56		93	
20		57		94	
21		58		95	
22		59		96	
23		60		97	
24		61		98	
25		62		99	
26		63		100	
27		64		101	
28		65		102	
29		66		103	
30		67		104	
31		68		105	
32		69		106	
33		70		107	
34		71		108	
35		72		109	
36		73		110	
37		74		111	

Technicals

Date		Time		Location	

Home Team _____ Coach _____

1st Half Fouls: ☐☐☐☐☐☐☐☐☐☐   Full Timeouts: ☐☐☐

2nd Half Fouls: ☐☐☐☐☐☐☐☐☐☐   30 Sec. Timeouts: ☐☐

No.	Name	Fouls							1st	2nd	3rd	4th	OT	Tot
Totals														

Notes

1		38		75
2		39		76
3		40		77
4		41		78
5		42		79
6		43		80
7		44		81
8		45		82
9		46		83
10		47		84
11		48		85
12		49		86
13		50		87
14		51		88
15		52		89
16		53		90
17		54		91
18		55		92
19		56		93
20		57		94
21		58		95
22		59		96
23		60		97
24		61		98
25		62		99
26		63		100
27		64		101
28		65		102
29		66		103
30		67		104
31		68		105
32		69		106
33		70		107
34		71		108
35		72		109
36		73		110
37		74		111

Technicals

Referee _____ Scorer _____ Timekeeper _____

Away Team _____ Coach _____

1st Half Fouls: | | | | | | | | | |

Full Timeouts: | | |

2nd Half Fouls: | | | | | | | | | |

30 Sec. Timeouts: | |

No.	Name	Fouls	1st	2nd	3rd	4th	OT	Tot
	Totals							

1		38		75
2		39		76
3		40		77
4		41		78
5		42		79
6		43		80
7		44		81
8		45		82
9		46		83
10		47		84
11		48		85
12		49		86
13		50		87
14		51		88
15		52		89
16		53		90
17		54		91
18		55		92
19		56		93
20		57		94
21		58		95
22		59		96
23		60		97
24		61		98
25		62		99
26		63		100
27		64		101
28		65		102
29		66		103
30		67		104
31		68		105
32		69		106
33		70		107
34		71		108
35		72		109
36		73		110
37		74		111

Technicals

Notes

Date _____ Time _____ Location _____

Home Team _____ Coach _____

1st Half Fouls: | | | | | | | | | | Full Timeouts: | | |

2nd Half Fouls: | | | | | | | | | | 30 Sec. Timeouts: | |

No.	Name	Fouls	1st	2nd	3rd	4th	OT	Tot
	Totals							

Notes

1		38		75
2		39		76
3		40		77
4		41		78
5		42		79
6		43		80
7		44		81
8		45		82
9		46		83
10		47		84
11		48		85
12		49		86
13		50		87
14		51		88
15		52		89
16		53		90
17		54		91
18		55		92
19		56		93
20		57		94
21		58		95
22		59		96
23		60		97
24		61		98
25		62		99
26		63		100
27		64		101
28		65		102
29		66		103
30		67		104
31		68		105
32		69		106
33		70		107
34		71		108
35		72		109
36		73		110
37		74		111

Technicals

Referee _____ Scorer _____ Timekeeper _____

Away Team _____ Coach _____

1st Half Fouls: | | | | | | | | | | | Full Timeouts: | | | |

2nd Half Fouls: | | | | | | | | | | | 30 Sec. Timeouts: | | |

No.	Name	Fouls					1st	2nd	3rd	4th	OT	Tot
	Totals											

Notes

1		38		75
2		39		76
3		40		77
4		41		78
5		42		79
6		43		80
7		44		81
8		45		82
9		46		83
10		47		84
11		48		85
12		49		86
13		50		87
14		51		88
15		52		89
16		53		90
17		54		91
18		55		92
19		56		93
20		57		94
21		58		95
22		59		96
23		60		97
24		61		98
25		62		99
26		63		100
27		64		101
28		65		102
29		66		103
30		67		104
31		68		105
32		69		106
33		70		107
34		71		108
35		72		109
36		73		110
37		74		111

Technicals

Date	Time	Location

Home Team _____   Coach _____

1st Half Fouls: ☐☐☐☐☐☐☐☐☐☐   Full Timeouts: ☐☐☐

2nd Half Fouls: ☐☐☐☐☐☐☐☐☐☐   30 Sec. Timeouts: ☐☐

No.	Name	Fouls					1st	2nd	3rd	4th	OT	Tot
	Totals											

Notes

1		38		75
2		39		76
3		40		77
4		41		78
5		42		79
6		43		80
7		44		81
8		45		82
9		46		83
10		47		84
11		48		85
12		49		86
13		50		87
14		51		88
15		52		89
16		53		90
17		54		91
18		55		92
19		56		93
20		57		94
21		58		95
22		59		96
23		60		97
24		61		98
25		62		99
26		63		100
27		64		101
28		65		102
29		66		103
30		67		104
31		68		105
32		69		106
33		70		107
34		71		108
35		72		109
36		73		110
37		74		111

Technicals

Referee _____ Scorer _____ Timekeeper _____

Away Team _____ Coach _____

1st Half Fouls: | | | | | | | | | |

Full Timeouts: | | |

2nd Half Fouls: | | | | | | | | | |

30 Sec. Timeouts: | |

No.	Name	Fouls	1st	2nd	3rd	4th	OT	Tot
	Totals							

Notes

	1		38		75
	2		39		76
	3		40		77
	4		41		78
	5		42		79
	6		43		80
	7		44		81
	8		45		82
	9		46		83
	10		47		84
	11		48		85
	12		49		86
	13		50		87
	14		51		88
	15		52		89
	16		53		90
	17		54		91
	18		55		92
	19		56		93
	20		57		94
	21		58		95
	22		59		96
	23		60		97
	24		61		98
	25		62		99
	26		63		100
	27		64		101
	28		65		102
	29		66		103
	30		67		104
	31		68		105
	32		69		106
	33		70		107
	34		71		108
	35		72		109
	36		73		110
	37		74		111

Technicals

Date	Time	Location

Home Team _____ Coach _____

1st Half Fouls: ☐☐☐☐☐☐☐☐☐☐   Full Timeouts: ☐☐☐

2nd Half Fouls: ☐☐☐☐☐☐☐☐☐☐   30 Sec. Timeouts: ☐

No.	Name	Fouls	1st	2nd	3rd	4th	OT	Tot
	Totals							

Notes

1	38	75	
2	39	76	
3	40	77	
4	41	78	
5	42	79	
6	43	80	
7	44	81	
8	45	82	
9	46	83	
10	47	84	
11	48	85	
12	49	86	
13	50	87	
14	51	88	
15	52	89	
16	53	90	
17	54	91	
18	55	92	
19	56	93	
20	57	94	
21	58	95	
22	59	96	
23	60	97	
24	61	98	
25	62	99	
26	63	100	
27	64	101	
28	65	102	
29	66	103	
30	67	104	
31	68	105	
32	69	106	
33	70	107	
34	71	108	
35	72	109	
36	73	110	
37	74	111	

Technicals

Referee _____ Scorer _____ Timekeeper _____

Away Team _____ Coach _____

1st Half Fouls: | | | | | | | | | | Full Timeouts: | | | |

2nd Half Fouls: | | | | | | | | | | 30 Sec. Timeouts: | | |

No.	Name	Fouls				1st	2nd	3rd	4th	OT	Tot
	Totals										

Notes

	1		38		75
	2		39		76
	3		40		77
	4		41		78
	5		42		79
	6		43		80
	7		44		81
	8		45		82
	9		46		83
	10		47		84
	11		48		85
	12		49		86
	13		50		87
	14		51		88
	15		52		89
	16		53		90
	17		54		91
	18		55		92
	19		56		93
	20		57		94
	21		58		95
	22		59		96
	23		60		97
	24		61		98
	25		62		99
	26		63		100
	27		64		101
	28		65		102
	29		66		103
	30		67		104
	31		68		105
	32		69		106
	33		70		107
	34		71		108
	35		72		109
	36		73		110
	37		74		111

Technicals

Date _____ Time _____ Location _____

Home Team _____ Coach _____

1st Half Fouls: | | | | | | | | | | Full Timeouts: | | | |

2nd Half Fouls: | | | | | | | | | | 30 Sec. Timeouts: | | |

No.	Name	Fouls					1st	2nd	3rd	4th	OT	Tot
	Totals											

1		38		75	
2		39		76	
3		40		77	
4		41		78	
5		42		79	
6		43		80	
7		44		81	
8		45		82	
9		46		83	
10		47		84	
11		48		85	
12		49		86	
13		50		87	
14		51		88	
15		52		89	
16		53		90	
17		54		91	
18		55		92	
19		56		93	
20		57		94	
21		58		95	
22		59		96	
23		60		97	
24		61		98	
25		62		99	
26		63		100	
27		64		101	
28		65		102	
29		66		103	
30		67		104	
31		68		105	
32		69		106	
33		70		107	
34		71		108	
35		72		109	
36		73		110	
37		74		111	

Technicals

Notes

Referee _____ Scorer _____ Timekeeper _____

Away Team _____ Coach _____

1st Half Fouls: | | | | | | | | | | Full Timeouts: | | | |

2nd Half Fouls: | | | | | | | | | | 30 Sec. Timeouts: | |

No.	Name	Fouls	1st	2nd	3rd	4th	OT	Tot
	Totals							

Notes

	1		38		75
	2		39		76
	3		40		77
	4		41		78
	5		42		79
	6		43		80
	7		44		81
	8		45		82
	9		46		83
	10		47		84
	11		48		85
	12		49		86
	13		50		87
	14		51		88
	15		52		89
	16		53		90
	17		54		91
	18		55		92
	19		56		93
	20		57		94
	21		58		95
	22		59		96
	23		60		97
	24		61		98
	25		62		99
	26		63		100
	27		64		101
	28		65		102
	29		66		103
	30		67		104
	31		68		105
	32		69		106
	33		70		107
	34		71		108
	35		72		109
	36		73		110
	37		74		111

Technicals

Date _____ Time _____ Location _____

Home Team _____ Coach _____

1st Half Fouls: ☐☐☐☐☐☐☐☐☐☐   Full Timeouts: ☐☐☐

2nd Half Fouls: ☐☐☐☐☐☐☐☐☐☐   30 Sec. Timeouts: ☐☐

No.	Name	Fouls	1st	2nd	3rd	4th	OT	Tot						
										1		38		75
										2		39		76
										3		40		77
										4		41		78
										5		42		79
										6		43		80
										7		44		81
										8		45		82
										9		46		83
										10		47		84
										11		48		85
										12		49		86
										13		50		87
										14		51		88
										15		52		89
										16		53		90
										17		54		91
										18		55		92
										19		56		93
										20		57		94
										21		58		95
										22		59		96
										23		60		97
										24		61		98
										25		62		99
										26		63		100
										27		64		101
										28		65		102
										29		66		103
										30		67		104
										31		68		105
										32		69		106
										33		70		107
										34		71		108
										35		72		109
	Totals									36		73		110
										37		74		111

Notes

Technicals

Referee _____ Scorer _____ Timekeeper _____

Away Team _____ Coach _____

1st Half Fouls: ☐☐☐☐☐☐☐☐☐☐ Full Timeouts: ☐☐☐

2nd Half Fouls: ☐☐☐☐☐☐☐☐☐☐ 30 Sec. Timeouts: ☐☐

No.	Name	Fouls	1st	2nd	3rd	4th	OT	Tot
	Totals							

Notes

1		38		75
2		39		76
3		40		77
4		41		78
5		42		79
6		43		80
7		44		81
8		45		82
9		46		83
10		47		84
11		48		85
12		49		86
13		50		87
14		51		88
15		52		89
16		53		90
17		54		91
18		55		92
19		56		93
20		57		94
21		58		95
22		59		96
23		60		97
24		61		98
25		62		99
26		63		100
27		64		101
28		65		102
29		66		103
30		67		104
31		68		105
32		69		106
33		70		107
34		71		108
35		72		109
36		73		110
37		74		111

Technicals

Date		Time		Location	

Home Team _____ Coach _____

1st Half Fouls: | | | | | | | | | |

2nd Half Fouls: | | | | | | | | | |

Full Timeouts: | | | |

30 Sec. Timeouts: | |

No.	Name	Fouls					1st	2nd	3rd	4th	OT	Tot
	Totals											

Notes

	1		38		75
	2		39		76
	3		40		77
	4		41		78
	5		42		79
	6		43		80
	7		44		81
	8		45		82
	9		46		83
	10		47		84
	11		48		85
	12		49		86
	13		50		87
	14		51		88
	15		52		89
	16		53		90
	17		54		91
	18		55		92
	19		56		93
	20		57		94
	21		58		95
	22		59		96
	23		60		97
	24		61		98
	25		62		99
	26		63		100
	27		64		101
	28		65		102
	29		66		103
	30		67		104
	31		68		105
	32		69		106
	33		70		107
	34		71		108
	35		72		109
	36		73		110
	37		74		111

Technicals

Referee _____	Scorer _____	Timekeeper _____

Away Team _____ Coach _____

1st Half Fouls: | | | | | | | | | | Full Timeouts: | | | |

2nd Half Fouls: | | | | | | | | | | 30 Sec. Timeouts: | |

No.	Name	Fouls	1st	2nd	3rd	4th	OT	Tot
		Totals						

Notes

	1		38		75
	2		39		76
	3		40		77
	4		41		78
	5		42		79
	6		43		80
	7		44		81
	8		45		82
	9		46		83
	10		47		84
	11		48		85
	12		49		86
	13		50		87
	14		51		88
	15		52		89
	16		53		90
	17		54		91
	18		55		92
	19		56		93
	20		57		94
	21		58		95
	22		59		96
	23		60		97
	24		61		98
	25		62		99
	26		63		100
	27		64		101
	28		65		102
	29		66		103
	30		67		104
	31		68		105
	32		69		106
	33		70		107
	34		71		108
	35		72		109
	36		73		110
	37		74		111

Technicals

Date		Time		Location	

Home Team _____ Coach _____

1st Half Fouls: ⬜⬜⬜⬜⬜⬜⬜⬜⬜⬜   Full Timeouts: ⬜⬜⬜

2nd Half Fouls: ⬜⬜⬜⬜⬜⬜⬜⬜⬜⬜   30 Sec. Timeouts: ⬜⬜

No.	Name	Fouls	1st	2nd	3rd	4th	OT	Tot
	Totals							

	1		38		75
	2		39		76
	3		40		77
	4		41		78
	5		42		79
	6		43		80
	7		44		81
	8		45		82
	9		46		83
	10		47		84
	11		48		85
	12		49		86
	13		50		87
	14		51		88
	15		52		89
	16		53		90
	17		54		91
	18		55		92
	19		56		93
	20		57		94
	21		58		95
	22		59		96
	23		60		97
	24		61		98
	25		62		99
	26		63		100
	27		64		101
	28		65		102
	29		66		103
	30		67		104
	31		68		105
	32		69		106
	33		70		107
	34		71		108
	35		72		109
	36		73		110
	37		74		111

Technicals

Notes

Referee _____ Scorer _____ Timekeeper _____

Away Team _____ Coach _____

1st Half Fouls: | | | | | | | | | |

2nd Half Fouls: | | | | | | | | | |

Full Timeouts: | | |

30 Sec. Timeouts: | |

No.	Name	Fouls						1st	2nd	3rd	4th	OT	Tot
	Totals												

Notes

1		38		75	
2		39		76	
3		40		77	
4		41		78	
5		42		79	
6		43		80	
7		44		81	
8		45		82	
9		46		83	
10		47		84	
11		48		85	
12		49		86	
13		50		87	
14		51		88	
15		52		89	
16		53		90	
17		54		91	
18		55		92	
19		56		93	
20		57		94	
21		58		95	
22		59		96	
23		60		97	
24		61		98	
25		62		99	
26		63		100	
27		64		101	
28		65		102	
29		66		103	
30		67		104	
31		68		105	
32		69		106	
33		70		107	
34		71		108	
35		72		109	
36		73		110	
37		74		111	

Technicals

Date _____ Time _____ Location _____

Home Team _____ Coach _____

1st Half Fouls: | | | | | | | | | | | | Full Timeouts: | | | |

2nd Half Fouls: | | | | | | | | | | | | 30 Sec. Timeouts: | | |

No.	Name	Fouls	1st	2nd	3rd	4th	OT	Tot
	Totals							

Notes

	1		38		75
	2		39		76
	3		40		77
	4		41		78
	5		42		79
	6		43		80
	7		44		81
	8		45		82
	9		46		83
	10		47		84
	11		48		85
	12		49		86
	13		50		87
	14		51		88
	15		52		89
	16		53		90
	17		54		91
	18		55		92
	19		56		93
	20		57		94
	21		58		95
	22		59		96
	23		60		97
	24		61		98
	25		62		99
	26		63		100
	27		64		101
	28		65		102
	29		66		103
	30		67		104
	31		68		105
	32		69		106
	33		70		107
	34		71		108
	35		72		109
	36		73		110
	37		74		111

Technicals

Referee _____ Scorer _____ Timekeeper _____

Away Team _____ Coach _____

1st Half Fouls: | | | | | | | | | | Full Timeouts: | | | |

2nd Half Fouls: | | | | | | | | | | 30 Sec. Timeouts: | |

No.	Name	Fouls	1st	2nd	3rd	4th	OT	Tot
	Totals							

Notes

1		38		75	
2		39		76	
3		40		77	
4		41		78	
5		42		79	
6		43		80	
7		44		81	
8		45		82	
9		46		83	
10		47		84	
11		48		85	
12		49		86	
13		50		87	
14		51		88	
15		52		89	
16		53		90	
17		54		91	
18		55		92	
19		56		93	
20		57		94	
21		58		95	
22		59		96	
23		60		97	
24		61		98	
25		62		99	
26		63		100	
27		64		101	
28		65		102	
29		66		103	
30		67		104	
31		68		105	
32		69		106	
33		70		107	
34		71		108	
35		72		109	
36		73		110	
37		74		111	

Technicals

Date _____ Time _____ Location _____

Home Team _____ Coach _____

1st Half Fouls: | | | | | | | | | | Full Timeouts: | | | |

2nd Half Fouls: | | | | | | | | | | 30 Sec. Timeouts: | | |

No.	Name	Fouls	1st	2nd	3rd	4th	OT	Tot
	Totals							

Notes

1	38	75
2	39	76
3	40	77
4	41	78
5	42	79
6	43	80
7	44	81
8	45	82
9	46	83
10	47	84
11	48	85
12	49	86
13	50	87
14	51	88
15	52	89
16	53	90
17	54	91
18	55	92
19	56	93
20	57	94
21	58	95
22	59	96
23	60	97
24	61	98
25	62	99
26	63	100
27	64	101
28	65	102
29	66	103
30	67	104
31	68	105
32	69	106
33	70	107
34	71	108
35	72	109
36	73	110
37	74	111

Technicals

Referee _____ Scorer _____ Timekeeper _____

Away Team _____ Coach _____

1st Half Fouls: | | | | | | | | | |

2nd Half Fouls: | | | | | | | | | |

Full Timeouts: | | | |

30 Sec. Timeouts: | |

No.	Name	Fouls					1st	2nd	3rd	4th	OT	Tot
	Totals											

Notes

	1		38		75
	2		39		76
	3		40		77
	4		41		78
	5		42		79
	6		43		80
	7		44		81
	8		45		82
	9		46		83
	10		47		84
	11		48		85
	12		49		86
	13		50		87
	14		51		88
	15		52		89
	16		53		90
	17		54		91
	18		55		92
	19		56		93
	20		57		94
	21		58		95
	22		59		96
	23		60		97
	24		61		98
	25		62		99
	26		63		100
	27		64		101
	28		65		102
	29		66		103
	30		67		104
	31		68		105
	32		69		106
	33		70		107
	34		71		108
	35		72		109
	36		73		110
	37		74		111

Technicals

| Date | | Time | | Location | |

Home Team _____ Coach _____

1st Half Fouls: ☐☐☐☐☐☐☐☐☐☐   Full Timeouts: ☐☐☐

2nd Half Fouls: ☐☐☐☐☐☐☐☐☐☐   30 Sec. Timeouts: ☐☐

No.	Name	Fouls	1st	2nd	3rd	4th	OT	Tot
	Totals							

Notes

1		38		75
2		39		76
3		40		77
4		41		78
5		42		79
6		43		80
7		44		81
8		45		82
9		46		83
10		47		84
11		48		85
12		49		86
13		50		87
14		51		88
15		52		89
16		53		90
17		54		91
18		55		92
19		56		93
20		57		94
21		58		95
22		59		96
23		60		97
24		61		98
25		62		99
26		63		100
27		64		101
28		65		102
29		66		103
30		67		104
31		68		105
32		69		106
33		70		107
34		71		108
35		72		109
36		73		110
37		74		111

Technicals

Referee _____ Scorer _____ Timekeeper _____

Away Team _____ Coach _____

1st Half Fouls: | | | | | | | | | |

2nd Half Fouls: | | | | | | | | | |

Full Timeouts: | | | |

30 Sec. Timeouts: | |

No.	Name	Fouls	1st	2nd	3rd	4th	OT	Tot
	Totals							

Notes

1		38		75	
2		39		76	
3		40		77	
4		41		78	
5		42		79	
6		43		80	
7		44		81	
8		45		82	
9		46		83	
10		47		84	
11		48		85	
12		49		86	
13		50		87	
14		51		88	
15		52		89	
16		53		90	
17		54		91	
18		55		92	
19		56		93	
20		57		94	
21		58		95	
22		59		96	
23		60		97	
24		61		98	
25		62		99	
26		63		100	
27		64		101	
28		65		102	
29		66		103	
30		67		104	
31		68		105	
32		69		106	
33		70		107	
34		71		108	
35		72		109	
36		73		110	
37		74		111	

Technicals

Date _____ Time _____ Location _____

Home Team _____ Coach _____

1st Half Fouls: | | | | | | | | | | Full Timeouts: | | | |

2nd Half Fouls: | | | | | | | | | | 30 Sec. Timeouts: | | |

No.	Name	Fouls						1st	2nd	3rd	4th	OT	Tot
	Totals												

Notes

1		38		75
2		39		76
3		40		77
4		41		78
5		42		79
6		43		80
7		44		81
8		45		82
9		46		83
10		47		84
11		48		85
12		49		86
13		50		87
14		51		88
15		52		89
16		53		90
17		54		91
18		55		92
19		56		93
20		57		94
21		58		95
22		59		96
23		60		97
24		61		98
25		62		99
26		63		100
27		64		101
28		65		102
29		66		103
30		67		104
31		68		105
32		69		106
33		70		107
34		71		108
35		72		109
36		73		110
37		74		111

Technicals

Referee _____ Scorer _____ Timekeeper _____

Away Team _____ Coach _____

1st Half Fouls: ☐☐☐☐☐☐☐☐☐☐ Full Timeouts: ☐☐☐

2nd Half Fouls: ☐☐☐☐☐☐☐☐☐☐ 30 Sec. Timeouts: ☐☐

No.	Name	Fouls	1st	2nd	3rd	4th	OT	Tot
	Totals							

Notes

1		38		75	
2		39		76	
3		40		77	
4		41		78	
5		42		79	
6		43		80	
7		44		81	
8		45		82	
9		46		83	
10		47		84	
11		48		85	
12		49		86	
13		50		87	
14		51		88	
15		52		89	
16		53		90	
17		54		91	
18		55		92	
19		56		93	
20		57		94	
21		58		95	
22		59		96	
23		60		97	
24		61		98	
25		62		99	
26		63		100	
27		64		101	
28		65		102	
29		66		103	
30		67		104	
31		68		105	
32		69		106	
33		70		107	
34		71		108	
35		72		109	
36		73		110	
37		74		111	

Technicals

Date _____ Time _____ Location _____

Home Team _____ Coach _____

1st Half Fouls: | | | | | | | | | | | Full Timeouts: | | | |

2nd Half Fouls: | | | | | | | | | | | 30 Sec. Timeouts: | | |

No.	Name	Fouls						1st	2nd	3rd	4th	OT	Tot
	Totals												

Notes

1		38		75	
2		39		76	
3		40		77	
4		41		78	
5		42		79	
6		43		80	
7		44		81	
8		45		82	
9		46		83	
10		47		84	
11		48		85	
12		49		86	
13		50		87	
14		51		88	
15		52		89	
16		53		90	
17		54		91	
18		55		92	
19		56		93	
20		57		94	
21		58		95	
22		59		96	
23		60		97	
24		61		98	
25		62		99	
26		63		100	
27		64		101	
28		65		102	
29		66		103	
30		67		104	
31		68		105	
32		69		106	
33		70		107	
34		71		108	
35		72		109	
36		73		110	
37		74		111	

Technicals

Referee _____ Scorer _____ Timekeeper _____

Away Team _____ Coach _____

1st Half Fouls: | | | | | | | | | | Full Timeouts: | | |

2nd Half Fouls: | | | | | | | | | 30 Sec. Timeouts: | |

No.	Name	Fouls	1st	2nd	3rd	4th	OT	Tot
	Totals							

Notes

1		38		75	
2		39		76	
3		40		77	
4		41		78	
5		42		79	
6		43		80	
7		44		81	
8		45		82	
9		46		83	
10		47		84	
11		48		85	
12		49		86	
13		50		87	
14		51		88	
15		52		89	
16		53		90	
17		54		91	
18		55		92	
19		56		93	
20		57		94	
21		58		95	
22		59		96	
23		60		97	
24		61		98	
25		62		99	
26		63		100	
27		64		101	
28		65		102	
29		66		103	
30		67		104	
31		68		105	
32		69		106	
33		70		107	
34		71		108	
35		72		109	
36		73		110	
37		74		111	

Technicals

Date _____ Time _____ Location _____

Home Team _____ Coach _____

1st Half Fouls: ☐☐☐☐☐☐☐☐☐☐ Full Timeouts: ☐☐☐

2nd Half Fouls: ☐☐☐☐☐☐☐☐☐☐ 30 Sec. Timeouts: ☐☐

No.	Name	Fouls	1st	2nd	3rd	4th	OT	Tot
	Totals							

Notes

1		38		75
2		39		76
3		40		77
4		41		78
5		42		79
6		43		80
7		44		81
8		45		82
9		46		83
10		47		84
11		48		85
12		49		86
13		50		87
14		51		88
15		52		89
16		53		90
17		54		91
18		55		92
19		56		93
20		57		94
21		58		95
22		59		96
23		60		97
24		61		98
25		62		99
26		63		100
27		64		101
28		65		102
29		66		103
30		67		104
31		68		105
32		69		106
33		70		107
34		71		108
35		72		109
36		73		110
37		74		111

Technicals

Referee _____ Scorer _____ Timekeeper _____

Away Team _____ Coach _____

1st Half Fouls: ☐☐☐☐☐☐☐☐☐☐   Full Timeouts: ☐☐☐

2nd Half Fouls: ☐☐☐☐☐☐☐☐☐☐   30 Sec. Timeouts: ☐☐

No.	Name	Fouls	1st	2nd	3rd	4th	OT	Tot
	Totals							

Notes

1		38		75	
2		39		76	
3		40		77	
4		41		78	
5		42		79	
6		43		80	
7		44		81	
8		45		82	
9		46		83	
10		47		84	
11		48		85	
12		49		86	
13		50		87	
14		51		88	
15		52		89	
16		53		90	
17		54		91	
18		55		92	
19		56		93	
20		57		94	
21		58		95	
22		59		96	
23		60		97	
24		61		98	
25		62		99	
26		63		100	
27		64		101	
28		65		102	
29		66		103	
30		67		104	
31		68		105	
32		69		106	
33		70		107	
34		71		108	
35		72		109	
36		73		110	
37		74		111	

Technicals

Date		Time		Location	

Home Team _____ Coach _____

1st Half Fouls: ☐☐☐☐☐☐☐☐☐☐   Full Timeouts: ☐☐☐

2nd Half Fouls: ☐☐☐☐☐☐☐☐☐☐   30 Sec. Timeouts: ☐

No.	Name	Fouls	1st	2nd	3rd	4th	OT	Tot
	Totals							

	1		38		75
	2		39		76
	3		40		77
	4		41		78
	5		42		79
	6		43		80
	7		44		81
	8		45		82
	9		46		83
	10		47		84
	11		48		85
	12		49		86
	13		50		87
	14		51		88
	15		52		89
	16		53		90
	17		54		91
	18		55		92
	19		56		93
	20		57		94
	21		58		95
	22		59		96
	23		60		97
	24		61		98
	25		62		99
	26		63		100
	27		64		101
	28		65		102
	29		66		103
	30		67		104
	31		68		105
	32		69		106
	33		70		107
	34		71		108
	35		72		109
	36		73		110
	37		74		111

Technicals

Notes

Referee _____ Scorer _____ Timekeeper _____

Away Team _____ Coach _____

1st Half Fouls: | | | | | | | | | |

2nd Half Fouls: | | | | | | | | | |

Full Timeouts: | | |

30 Sec. Timeouts: | |

No.	Name	Fouls	1st	2nd	3rd	4th	OT	Tot
	Totals							

Notes

1		38		75	
2		39		76	
3		40		77	
4		41		78	
5		42		79	
6		43		80	
7		44		81	
8		45		82	
9		46		83	
10		47		84	
11		48		85	
12		49		86	
13		50		87	
14		51		88	
15		52		89	
16		53		90	
17		54		91	
18		55		92	
19		56		93	
20		57		94	
21		58		95	
22		59		96	
23		60		97	
24		61		98	
25		62		99	
26		63		100	
27		64		101	
28		65		102	
29		66		103	
30		67		104	
31		68		105	
32		69		106	
33		70		107	
34		71		108	
35		72		109	
36		73		110	
37		74		111	

Technicals

Date	Time	Location

Home Team _____ Coach _____

1st Half Fouls: [ ][ ][ ][ ][ ][ ][ ][ ][ ][ ]   Full Timeouts: [ ][ ][ ]

2nd Half Fouls: [ ][ ][ ][ ][ ][ ][ ][ ][ ][ ]   30 Sec. Timeouts: [ ][ ]

No.	Name	Fouls	1st	2nd	3rd	4th	OT	Tot
	Totals							

Notes

1	38	75
2	39	76
3	40	77
4	41	78
5	42	79
6	43	80
7	44	81
8	45	82
9	46	83
10	47	84
11	48	85
12	49	86
13	50	87
14	51	88
15	52	89
16	53	90
17	54	91
18	55	92
19	56	93
20	57	94
21	58	95
22	59	96
23	60	97
24	61	98
25	62	99
26	63	100
27	64	101
28	65	102
29	66	103
30	67	104
31	68	105
32	69	106
33	70	107
34	71	108
35	72	109
36	73	110
37	74	11

Technicals

Referee _____ Scorer _____ Timekeeper _____

Away Team _____ Coach _____

1st Half Fouls: | | | | | | | | | | | Full Timeouts: | | | |

2nd Half Fouls: | | | | | | | | | | 30 Sec. Timeouts: | |

No.	Name	Fouls	1st	2nd	3rd	4th	OT	Tot
	Totals							

Notes

1		38		75	
2		39		76	
3		40		77	
4		41		78	
5		42		79	
6		43		80	
7		44		81	
8		45		82	
9		46		83	
10		47		84	
11		48		85	
12		49		86	
13		50		87	
14		51		88	
15		52		89	
16		53		90	
17		54		91	
18		55		92	
19		56		93	
20		57		94	
21		58		95	
22		59		96	
23		60		97	
24		61		98	
25		62		99	
26		63		100	
27		64		101	
28		65		102	
29		66		103	
30		67		104	
31		68		105	
32		69		106	
33		70		107	
34		71		108	
35		72		109	
36		73		110	
37		74		111	

Technicals

Date _____ Time _____ Location _____

Home Team _____ Coach _____

1st Half Fouls: | | | | | | | | | | | | | | | | Full Timeouts: | | | |

2nd Half Fouls: | | | | | | | | | | | | | | | | 30 Sec. Timeouts: | |

No.	Name	Fouls						1st	2nd	3rd	4th	OT	Tot
	Totals												

Notes

1		38		75	
2		39		76	
3		40		77	
4		41		78	
5		42		79	
6		43		80	
7		44		81	
8		45		82	
9		46		83	
10		47		84	
11		48		85	
12		49		86	
13		50		87	
14		51		88	
15		52		89	
16		53		90	
17		54		91	
18		55		92	
19		56		93	
20		57		94	
21		58		95	
22		59		96	
23		60		97	
24		61		98	
25		62		99	
26		63		100	
27		64		101	
28		65		102	
29		66		103	
30		67		104	
31		68		105	
32		69		106	
33		70		107	
34		71		108	
35		72		109	
36		73		110	
37		74		111	

Technicals

Referee _____ Scorer _____ Timekeeper _____

Away Team _____ Coach _____

1st Half Fouls: | | | | | | | | | | | Full Timeouts: | | | |

2nd Half Fouls: | | | | | | | | | | 30 Sec. Timeouts: | |

No.	Name		Fouls	1st	2nd	3rd	4th	OT	Tot
		Totals							

Notes

1		38		75
2		39		76
3		40		77
4		41		78
5		42		79
6		43		80
7		44		81
8		45		82
9		46		83
10		47		84
11		48		85
12		49		86
13		50		87
14		51		88
15		52		89
16		53		90
17		54		91
18		55		92
19		56		93
20		57		94
21		58		95
22		59		96
23		60		97
24		61		98
25		62		99
26		63		100
27		64		101
28		65		102
29		66		103
30		67		104
31		68		105
32		69		106
33		70		107
34		71		108
35		72		109
36		73		110
37		74		111

Technicals

Date _____ Time _____ Location _____

Home Team _____ Coach _____

1st Half Fouls: ☐☐☐☐☐☐☐☐☐☐ Full Timeouts: ☐☐☐

2nd Half Fouls: ☐☐☐☐☐☐☐☐☐☐ 30 Sec. Timeouts: ☐☐

No.	Name	Fouls	1st	2nd	3rd	4th	OT	Tot
	Totals							

Notes

1		38	75
2		39	76
3		40	77
4		41	78
5		42	79
6		43	80
7		44	81
8		45	82
9		46	83
10		47	84
11		48	85
12		49	86
13		50	87
14		51	88
15		52	89
16		53	90
17		54	91
18		55	92
19		56	93
20		57	94
21		58	95
22		59	96
23		60	97
24		61	98
25		62	99
26		63	100
27		64	101
28		65	102
29		66	103
30		67	104
31		68	105
32		69	106
33		70	107
34		71	108
35		72	109
36		73	110
37		74	11

Technicals

Referee _____ Scorer _____ Timekeeper _____

Away Team _____ Coach _____

1st Half Fouls: ⬜⬜⬜⬜⬜⬜⬜⬜⬜⬜ Full Timeouts: ⬜⬜⬜

2nd Half Fouls: ⬜⬜⬜⬜⬜⬜⬜⬜⬜⬜ 30 Sec. Timeouts: ⬜⬜

No.	Name	Fouls	1st	2nd	3rd	4th	OT	Tot
	Totals							

Notes

1		38		75	
2		39		76	
3		40		77	
4		41		78	
5		42		79	
6		43		80	
7		44		81	
8		45		82	
9		46		83	
10		47		84	
11		48		85	
12		49		86	
13		50		87	
14		51		88	
15		52		89	
16		53		90	
17		54		91	
18		55		92	
19		56		93	
20		57		94	
21		58		95	
22		59		96	
23		60		97	
24		61		98	
25		62		99	
26		63		100	
27		64		101	
28		65		102	
29		66		103	
30		67		104	
31		68		105	
32		69		106	
33		70		107	
34		71		108	
35		72		109	
36		73		110	
37		74		111	

Technicals

Date _____ Time _____ Location _____

Home Team _____ Coach _____

1st Half Fouls: | | | | | | | | | |

Full Timeouts: | | | |

2nd Half Fouls: | | | | | | | | | |

30 Sec. Timeouts: | | |

No.	Name	Fouls	1st	2nd	3rd	4th	OT	Tot
	Totals							

Notes

	1		38		75
	2		39		76
	3		40		77
	4		41		78
	5		42		79
	6		43		80
	7		44		81
	8		45		82
	9		46		83
	10		47		84
	11		48		85
	12		49		86
	13		50		87
	14		51		88
	15		52		89
	16		53		90
	17		54		91
	18		55		92
	19		56		93
	20		57		94
	21		58		95
	22		59		96
	23		60		97
	24		61		98
	25		62		99
	26		63		100
	27		64		101
	28		65		102
	29		66		103
	30		67		104
	31		68		105
	32		69		106
	33		70		107
	34		71		108
	35		72		109
	36		73		110
	37		74		111

Technicals

Referee _____ Scorer _____ Timekeeper _____

Away Team _____ Coach _____

1st Half Fouls: | | | | | | | | | | Full Timeouts: | | |

2nd Half Fouls: | | | | | | | | | | 30 Sec. Timeouts: | |

No.	Name	Fouls						1st	2nd	3rd	4th	OT	Tot
	Totals												

Notes

1		38		75
2		39		76
3		40		77
4		41		78
5		42		79
6		43		80
7		44		81
8		45		82
9		46		83
10		47		84
11		48		85
12		49		86
13		50		87
14		51		88
15		52		89
16		53		90
17		54		91
18		55		92
19		56		93
20		57		94
21		58		95
22		59		96
23		60		97
24		61		98
25		62		99
26		63		100
27		64		101
28		65		102
29		66		103
30		67		104
31		68		105
32		69		106
33		70		107
34		71		108
35		72		109
36		73		110
37		74		111

Technicals

Date _____ Time _____ Location _____

Home Team _____ Coach _____

1st Half Fouls: ☐☐☐☐☐☐☐☐☐☐ Full Timeouts: ☐☐☐

2nd Half Fouls: ☐☐☐☐☐☐☐☐☐☐ 30 Sec. Timeouts: ☐☐

No.	Name	Fouls	1st	2nd	3rd	4th	OT	Tot
	Totals							

Notes

1		38		7	
2		39		7	
3		40		7	
4		41		78	
5		42		79	
6		43		80	
7		44		81	
8		45		82	
9		46		83	
10		47		84	
11		48		85	
12		49		86	
13		50		87	
14		51		88	
15		52		89	
16		53		90	
17		54		91	
18		55		92	
19		56		93	
20		57		94	
21		58		95	
22		59		96	
23		60		97	
24		61		98	
25		62		99	
26		63		100	
27		64		101	
28		65		102	
29		66		103	
30		67		104	
31		68		105	
32		69		106	
33		70		107	
34		71		108	
35		72		109	
36		73		110	
37		74		111	

Technicals

Referee _____ Scorer _____ Timekeeper _____

Away Team _____ Coach _____

1st Half Fouls: | | | | | | | | | | | Full Timeouts: | | | |

2nd Half Fouls: | | | | | | | | | | | 30 Sec. Timeouts: | | |

No.	Name	Fouls	1st	2nd	3rd	4th	OT	Tot
	Totals							

Notes

1		38		75	
2		39		76	
3		40		77	
4		41		78	
5		42		79	
6		43		80	
7		44		81	
8		45		82	
9		46		83	
10		47		84	
11		48		85	
12		49		86	
13		50		87	
14		51		88	
15		52		89	
16		53		90	
17		54		91	
18		55		92	
19		56		93	
20		57		94	
21		58		95	
22		59		96	
23		60		97	
24		61		98	
25		62		99	
26		63		100	
27		64		101	
28		65		102	
29		66		103	
30		67		104	
31		68		105	
32		69		106	
33		70		107	
34		71		108	
35		72		109	
36		73		110	
37		74		111	

Technicals

Made in the USA
Monee, IL
30 September 2023

43756003R00057